CARTAS PARA EL EJERCICIO DE LA ORACIÓN MENTAL

MIGUEL DE MOLINOS

CARTAS PARA EL EJERCICIO DE LA ORACIÓN MENTAL

Traducción de
MARÍA NOGUÉS

Edición de
SERGIO RODRÍGUEZ

Herder

Título original: Lettere scritte ad un cavaliere spagnuolo
disingannato per animarlo all'esercitio dell'oratione mentale
Traducción: María Nogués

Diseño de la cubierta: Purpleprint Creative

© 2022, *Herder Editorial, S. L., Barcelona*

ISBN: 978-84-254-4817-1

Imprenta: Qpprint
Depósito legal: B-6423-2022
Printed in Spain - Impreso en España

Herder
www.herdereditorial.com

Índice

Prólogo

— Javier Melloni, SJ —

Miguel de Molinos (1628-1696) encarna uno de los episodios más lamentables de la Iglesia y de la Inquisición romana del siglo XVII. Hoy nos resulta inconcebible que, por defender una doctrina espiritual, alguien pudiera ser difamado y condenado a cadena perpetua y morir en las mazmorras tras nueve años de prisión. A nuestra sensibilidad actual le escandaliza esta violencia de lo sagrado. ¿Qué había en él que pudiera ser tan peligroso? Se le considera el originador del quietismo, enseñanza espiritual que fue repetidamente condenada en sus diversas versiones a lo largo del siglo XVII en los diferentes focos que tuvo en Italia, en Francia (cuyos mayores exponentes fueron Madame Guillon, La Combe y Fenelón) y en España, donde ya había existido el precedente de los alumbrados el siglo anterior. ¿Qué tenía la doctrina de Miguel de Molinos y del quietismo en general que la hizo tan deleznable?

Estamos ante la cuestión indispensable y necesaria del discernimiento que requiere la vida espiritual, en la que está en juego una polaridad que se expresa a través de diferentes binomios: el cuerpo y el espíritu, lo humano y lo divino, la actividad y la pasividad, el hacer y el dejarse hacer. Detrás de la polémica sobre el quietismo hay cuestiones antropológicas y teológicas de primer grado: ¿Cómo actúa Dios en el ser humano y hasta dónde debe llegar la intervención humana en este actuar de Dios? La pasividad de los estadios más avanzados de la vida espiritual no puede ser una huida de la asunción del yo, un elogio de la irresponsabilidad de nuestras acciones, sino su trascendimiento. Trascender no es eludir, sino asumir y llevar más allá. El yo habitado por Dios no queda despersonalizado, sino transpersonalizado en el Tú de Dios y en el tú de los demás. Ello se refleja en la calidad de una vida, en el desprendimiento y el ofrecimiento de uno mismo, liberado del propio autocentramiento. En definitiva, el criterio de la ortodoxia es la ortopraxis: los actos concretos que realizamos en nuestra vida son los que acreditan una doctrina.

El quietismo se mueve por una cresta de montaña muy fina donde el abandono de la voluntad puede llevar a las más altas cimas del dejarse hacer por la acción y la voluntad de Dios o a las más bajas simas de las apetencias pre-yoicas e instintivas. La voluntad personal implica una participación consciente en la transformación de los instintos autocentrados en una entrega a Dios y a los demás, la ofrenda del amor. Si el abandono del yo no lleva al amor, sino a la autojustificación de las propias apetencias, hemos caído de la cima a la sima.

El equilibrio de cualquier camino espiritual está, por un lado, en señalar las cumbres y, por otro, en ayudar a dar los pasos precisos para llegar hasta ella. Existe un doble peligro: por un lado, pensar que esas alturas son inaccesibles para la mayoría, que están reservadas a muy pocos, con el resultado de que la propuesta espiritual se quede a medio camino, prohibiendo que nadie ascienda más porque la vía es arriesgada y peligrosa; y, por el extremo contrario, que los que están cerca de la cumbre desprecien a los que han quedado abajo. Mantener con ecuanimidad y sabiduría la doble mirada –el inicio del camino y su término– es lo que hace que una doctrina y vía espiritual sea completa y madura.

No hay mayor error en la vida espiritual que imponer a otros lo que para uno es adecuado, así como dejar de practicar algo porque a los otros no les vaya bien. La escucha de uno mismo corre pareja con la escucha de la alteridad, de modo que podamos ascender juntos, cada cual a su paso.

Parte de las acusaciones al quietismo –y al alumbradismo y, siglos antes, a los begardos y las beguinas– fue por considerar que despreciaban a los que apenas comenzaban a caminar y porque se desentendían de las prácticas comunitarias, encerrándose en un elitismo que les hacía incapaces de dejarse cuestionar. Ello podía llevar a creerse que estaban más allá del bien y del mal y caer en la irresponsabilidad de cualquier acto. Que las acusaciones fueran ciertas hay que verificarlo en cada caso. Cuando nos acercamos a Molinos y a su movimiento, quedamos confusos, porque los posicionamientos a su favor o en su contra están faltos de datos por ambos lados. Conviene saber que las actas del proceso, que duró dos años (primero sobre su ortodoxia y luego sobre su ortopraxis), fueron quemadas en 1798, un siglo después. José Ángel Valente, en la edición de las obras de Molinos, asevera: «La ortodoxia no es tanto una cualidad del Espíritu como una necesidad del Poder».

Las dos cartas que salen a la luz en esta publicación todavía están lejos de estas cuestiones. Son previas a ellas. Fueron escritas por su autor cuando todavía se hallaba en España, antes de ser destinado a Roma en 1663. Contaba entonces no más de treinta y ocho años. Estamos, por lo tanto, ante un maestro espiritual joven, que no ha recorrido todavía toda su propia experiencia orante. Son dos textos relevantes para tener un conocimiento más completo de su itinerario espiritual y de su doctrina.

En la primera carta, Miguel de Molinos defiende la importancia de la vida de oración. Llama la atención la cantidad de autores que cita: Juan Crisóstomo, san Agustín, Juan Clímaco, Tomás de Aquino, san Buenaventura, Luis de Blois (conocido entonces por su latinización Ludovico Blosio), santa Brígida, Teresa de Jesús, Juan de Ávila, Luis de Granada, Pedro de Alcántara, Luis de la Puente. También cita a dos autores más desconocidos: Lorenzo Justiniano y Antonio de Molina. Necesita apoyarse en todos ellos para argumentar con una autoridad que considera que él mismo no tiene, así como muestra que no es nuevo lo que dice, sino que le precede una larga tradición. También la *Guía espiritual* está muy poblada de citas, puestas claramente para reforzar la ortodoxia de su posición.

La segunda carta está dedicada a cómo hacer la meditación. Propone cinco pasos: la oración preparatoria, la petición, la meditación propiamente dicha del pasaje que se ora, la oración o coloquio con Dios y la acción de gracias. Estas pautas responden plenamente al modelo ignaciano, en el que se ejercitan las llamadas tres potencias del alma: memoria, entendimiento y voluntad.

En la tradición orante de la Iglesia existen tres grados: la oración vocal, que consiste en la repetición de las oraciones comunes y establecidas; la meditación, en la que se ejercitan la mente y la afectividad, y la oración contemplativa, en la que mente y afectos se silencian. En las dos cartas no se hace ninguna mención de la oración silenciosa o contemplativa. La oración es el acto explícito e intencional por medio del cual el ser humano se abre a Dios. A medida que se va orando más profundamente, orar «a Dios» se va convirtiendo en orar «en Dios», lo cual implica, primero, el paso de la oración vocal a la oración meditativa y, después, de esta a la contemplación.

De lo que se trata es de transformar la integridad de nuestra vida. La oración, sea la que sea, no tiene otro objetivo que esta transformación que nos va configurando a imagen de Aquel que contemplamos. De ahí, insisto, que el criterio de discernimiento de una doctrina sobre la oración y sobre una vía espiritual no es otro que su capacidad de desegocentramiento, lo cual se verifica en la vida de cada día.

Estas cuestiones vuelven a ser de mucha actualidad, en la medida en que la búsqueda de silencio y de espiritualidad que se está dando en nuestra sociedad puede responder a motivaciones diferentes, lo cual lleva a direcciones opuestas, aunque se ande aparentemente por el mismo camino: como descubrimiento de una interioridad que se ha descuidado y que es necesaria para nutrir con más calidad el compromiso con la realidad desde una profundidad mayor, o puede estar motivado por un deseo evasivo que elude la responsabilidad frente a lo real, ya sea ante uno mismo, ante los demás o ante el mundo. Se trata de un discernimiento lúcido y honesto que continuamente hay que hacer con uno mismo junto a la comunidad en la que uno está inserto.

Lo que ha sido problemático desde siempre en la Iglesia es hasta dónde conduce el último estadio de la contemplación, que es lo que Miguel de Molinos desarrollará en la *Guía espiritual* (1675), nueve años después de su llegada a Roma. Escribe al comienzo de la obra:

Siempre que se alcanza el fin cesan los medios, y, llegando al puerto, termina la navegación. Así, el alma, si después de haberse fatigado por medio de la meditación llega a la quietud, al sosiego y al reposo de la contemplación, debe entonces cercenar los discursos y reposar quieta, con una atención amorosa y sencilla vista de Dios, mirándole y amándole, y desechando con suavidad todas las imaginaciones que se le ofrecen, quietando el entendimiento en aquella divina presencia, recogiendo la memoria, fijándola toda en Dios, contentándose con el conocimiento general y confuso que de él tiene por la fe, aplicando toda la voluntad en amarle, donde estriba todo el fruto (Del Proemio, Advertencia II, 12).

La radicalización de Molinos consiste en llevar la contemplación a sus últimas consecuencias: la aniquilación del alma, a la que dedica la tercera parte de la *Guía*. Ya hemos mencionado que esta aniquilación puede ser realmente mística y salvífica, es decir, transpersonalizadora y transfiguradora, o puede ser nefasta, por conducir a la desfiguración y a la despersonalización.

La actuación de la Inquisición a lo largo de los siglos ha sido brutal e implacable. Por supuesto que no justificamos su violencia, pero tampoco la reduciremos a una mera compulsión del poder papal o eclesiástico. La realidad es más compleja y solo aprenderemos de la historia si la conocemos bien, si somos capaces de identificar los factores y los elementos que intervienen en cada situación. Ello no quita que nos sintamos indignados ante la condena despiadada de Molinos. La prisión degrada a las personas, pero también puede transformarlas. Existen testimonios de ello. No sabemos qué sucedió con nuestro autor durante sus nueve años de prisión —once si sumamos los dos años del proceso—, pero nos es permitido creer y esperar que tal vez allá vivió la más alta transformación de sí mismo, en unas condiciones que no hubiera imaginado ni elegido, pero que tal vez lo llevaron a alcanzar lo que había escrito en su doctrina sobre la aniquilación:

Comienza el alma que quiere ser perfecta a mortificar sus pasiones; aprovechada ya en este ejercicio, se niega; luego, con la divina ayuda, pasa al estado de la nada, donde se desprecia, se aborrece a sí misma y se profunda, conociendo que es nada, que puede nada y que vale nada; de aquí nace el morir en los sentidos y en sí misma en muchas maneras y a todas horas; y, finalmente, de esta muerte espiritual se origina la verdadera y perfecta aniquilación. De manera que, cuando ya el alma está muerta a su querer y entender, se dice con propiedad que llegó al perfecto y dichoso estado de la aniquilación, sin que la misma alma lo llegue a entender, porque no sería aniquilada si llegase ella a conocerlo. Y, aunque llegue a este feliz estado de aniquilada, importa el saber que siempre tiene más y más que caminar, que purificar y aniquilar.

Prosigue:

Sabrás que esta aniquilación, para que sea perfecta en el alma, ha de ser [en todo] [...], sin inclinarse a nada, abrazando igualmente los desprecios como las honras, los beneficios como los castigos.

Y concluye:

¡Oh, qué dichosa alma la que así se halla muerta y aniquilada. Ya esta no vive en sí, porque vive en Dios en ella; ya con toda verdad se puede decir que es otra fénix renovada, porque está trocada, espiritua-

lizada, transformada y deificada *(Guía espiritual*, II, XIX).

Es posible que Miguel de Molinos llegara a
tal transformación, pero una cosa es haberlo
elegido voluntariamente y otra haber sido
forzado a ello. Cuando lo sagrado se impone,
se degrada y se pervierte.

Cartas escritas a un caballero
español desengañado para animarlo
al ejercicio de la oración mental
ofreciendo el modo para realizarla

Por el Doctor Miguel de Molinos, Sacerdote
Mandada traducir de la lengua española
e imprimir por un devoto
En Roma, por Michel Ercole, 1676
Con la licencia de los Superiores

El que ilumina al lector

Estas cartas (¡oh, devoto lector!) que escribió el doctor Miguel de Molinos hace muchos años en España a un caballero para animarlo a ejercitar la oración mental, llegaron a mis manos en Roma. Aunque creía que imprimiéndolas lograrían alcanzar cierto éxito, la gran cantidad de escritos sobre esta materia me detuvo; pero, viendo el gran provecho que han dado algunas de las copias de esos manuscritos, me animé por el ruego de muchas personas, reconociendo que en pocas hojas explica con no menor facilidad y eficacia lo que para otros es materia de libros enteros. Me decidí a presentar impresas estas cartas, traducidas de la lengua española en la que fueron escritas, esperando que la brevedad con la que tratan este asunto, que otros con tanto propagan, sea el condimento que abra el apetito más feroz para leerlas y se pueda realizar lo que en ellas se enseña.

Dos cosas debo advertiros para que no encontréis dificultades. La primera es que las autoridades no se citan porque las cartas llegaron a mis manos de esta manera y no he querido agotarme buscándolas, considerando que la materia no es problemática ni apologética y no hay necesidad de mayor comprobación que la fidelidad a nuestro Autor; pensando, además, que no son necesarias para tu provecho, que es lo que pretende esta diligencia. La segunda es que todo aquello que el autor diga en su *Guía espiritual,* que se debe dejar la Meditación, no aconsejándola ahora enseñando el modo de ejercitarla, se contradice porque con ella se habla con las almas, que son llamadas de la meditación a la contemplación y que se ha pretendido instruir a quien nunca había ejercitado la oración y por eso lo guía y lo coloca en la puerta, que es la meditación. Consideraría, pues, que no la condena, ya que la enseña en esta carta. A algunos aconseja la meditación, a otros, la contemplación, dependiendo de la vocación que advierte en cada uno. Hasta aquí.

Ventajas de la oración mental
Extraídas de los Santos

—Primera carta—

Con la gracia del Señor, querría sembrar en el alma de Vuestra Señoría la práctica de la meditación u oración mental. Y, para llevar a cabo esta santa empresa con mayor eficacia, haré referencia a algunos de los infinitos provechos que de eso se desprende, aludiendo a las sentencias de muchos Santos que, como grandes expertos, debatieron sobre esta importante materia.

La oración mental es una disertación, comunicación o conversación amorosa que tiene el alma con Dios. ¿Se puede encontrar algo más hermoso? Si tanto se estima conversar y hablar con el rey de la tierra, ¿qué virtud debe ser la del coloquio con el Rey Celestial?

Si conversar con sabios te convierte en sabio, ¡qué hará el dialogar con Dios, que es la máxima sabiduría! Y, si tengo la libertad de hablar a todas horas con el amado gran Señor, aunque estuviera ciego, ¿no lo haría? ¿Podría encontrar algo de mayor utilidad para la vida humana? ¿Podría encontrar algo mejor para emplear mi tiempo? ¿Dónde encontraría mayor seguridad, quietud y fortaleza? ¡Oh, ceguera, ceguera! ¿Tú eres la que me detienes y me impides este gran bien porque no consigues llegar a conocerlo? ¿Tú me desvías de su visión y de conseguir experimentarlo?

La oración es (según san Juan Crisóstomo) el alma de nuestras obras, muro de nuestra conciencia, fundamento del edificio espiritual, grava de la nave de la gracia, armas para combatir contra los enemigos invisibles y leña con la que se enciende el divino amor.

Al igual que el cuerpo sin alma se corrompe, la ciudad sin murallas está desprotegida, el cuerpo sin nervios no tiene fuerza, el soldado indefenso está vencido y el fuego sin leña no se mantiene; del mismo modo, nuestra alma desgarrada por las tentaciones, oprimida por nuestras malas inclinaciones y rodeada por tantos vicios con la falta de la oración, está claramente en peligro de ruina miserable terminando muerta con pecados, llena de vicios, maloliente y detestable por motivo de escándalos.

La oración (dice san Juan Clímaco) es la que une el alma con Dios. Es la guardiana del mundo, el perdón de los pecados, hija de las lágrimas, puente para traspasar las tentaciones, victorias de las batallas, obra de los ángeles, mantenimiento de los espíritus, sustento de las almas, luz del intelecto, espejo del provecho, pilar de la esperanza y arma contra la mentira. Por último, dice el santo, que quienquiera corroborar y fortificar su corazón en el camino de Dios, quien quiera extirpar todos sus vicios y sembrar en el alma todas sus virtudes, debe ser un hombre de oración, porque con ella y en ella se puede purificar el alma de los pecados; los sujeta y se exalta la caridad y la fe se alienta. La esperanza se fortalece, el espíritu se alegra, las vísceras se relajan, el corazón se pacifica, la verdad se evidencia, se vence la tentación, se desea la templanza y de ella brillan las vivas centellas del deseo del cielo. Para ella están abiertas las puertas del cielo, por eso san Agustín dice: *ella es la llave del cielo.* A ella se le revelan los secretos escondidos y los divinos misterios. A ella escuchan siempre los oídos de Dios. Ella es la que anima a los ángeles, la que alegra a los santos, la que penetra en los cielos, la que aterroriza a los demonios, la que vence a los enemigos, la que hace cambiar a los hombres. En suma, la oración es la que une el alma con Dios.

San Buenaventura dice en sus meditaciones: Si quieres soportar con paciencia la adversidad, atiende a la oración. Si conoces las astucias de Satanás y quieres huir de sus engaños, aplícate a la oración. Si quieres vivir alegremente y caminar con dulzura por la senda de la penitencia, dedícate a la oración. Si ahuyentas de tu alma a las moscas inoportunas de los vanos pensamientos y las preocupaciones inútiles, acércate con ánimo a la oración. Si mantienes tu alma con el grosor de la devoción y siempre la conservas llena de buenos pensamientos y fervientes deseos, ejercita la oración. Si quieres fortalecer y confirmar tu corazón en el camino de Dios, no te olvides de la oración. Por último, si quieres arrancar de tu alma todos los vicios y sembrar todas las virtudes, debes ser un hombre de oración, porque con ella se concibe la unión al Espíritu Santo y se instruye en todas las ocasiones.

La Santa Madre Teresa, maestra de tanta experiencia, dice que la oración es el camino real hacia el cielo. Y añade que el alma sin oración es parecida a un cuerpo estropeado o paralítico que, aunque tenga pies y manos, no puede moverse. Así, las almas sin oración son como la tierra sin agua, la planta sin raíz, hiedra sin celosía, barco sin ancla y edificio con cimientos de arena.

La opinión común de todos los Santos es que el medio más seguro y eficaz para establecer la salvación eterna de todas las personas, independientemente de su estatus, es la oración mental.

La Santa Madre Teresa dice, que cuando el demonio ve que una persona, aunque haya sido muy mala, ejercita la oración con perseverancia, desconfía de su condena y cree con certeza que se salvará. Sin embargo, si ve que, aunque haya sido una buena persona, no practica la oración, ansía su condena.

Entonces, ¿quién puede perder voluntariamente una felicidad tan grande? ¿Quién no busca esta preciosa margarita? ¿Quién no estima este rico tesoro? ¿Quién se escapa del caminar por la vía que hizo llegar a los santos a la perfección? ¿Quién no ama, desea y anhela el medio para nuestra felicidad, origen del bien y madre de todas las virtudes? ¿Qué virtud se puede encontrar sin la oración? Por eso dice tan acertadamente san Juan Crisóstomo que, *aunque la oración sea una única virtud, es la raíz de todas las demás.* Esta las engrandece, las perfecciona y las hace perdurar y, finalmente, es la que gobierna toda la vida espiritual. Así como el mar crece y mengua según la Luna, así exactamente el espíritu mengua y crece según el curso de la oración.

Dice santo Tomás de Aquino: Ser hombre sin oración es como ser un soldado desnudo e indefenso en la batalla.

El beato Lorenzo Justiniano escribió: Me atrevo a decir que sin la oración no conseguirás la vida eterna, porque la Divina misericordia, que de ella depende, no aplica los efectos que proporcionan la vida eterna.

El venerable padre maestro Juan de Ávila en muchas ocasiones quería decir que se maravillaba notablemente como, en una vida tan circundada de tentaciones, trabas y peligros, pudieran vivir los hombres de cualquier estatus y condición sin el ejercicio de la oración. Y continuaba diciendo concretamente: ¿Cómo puede vivir el monarca, el privado, el marqués, el caballero, el religioso, el seglar, el sacerdote, el esposo, el pastor, el campesino, el artesano y la doncella? Y así se refirió a cada uno de los posibles estados.

Un hombre tan importante como es don Antonio de Molina repetía más de una vez la siguiente sentencia para que todo el mundo se diera por enterado: le parecía imposible que un hombre viviese la vida cristiana manteniéndose mucho tiempo en gracia sin la práctica cotidiana de la oración mental y decía que su trabajo no era otro que encontrar la causa de la gran ruina del mundo y de la dilación y la mediocridad de muchos religiosos por la falta del ejercicio ordinario de la oración mental.

Dice san Juan Crisóstomo que la oración es el canal de una fuente que está en un jardín y de la que dependen las acequias para otras plantas y que, faltando esta, las flores se vuelven mustias, áridas y lánguidas, perdiendo su natural y bella esencia. Así, a través de la oración, crecen y se conservan todas las virtudes y, faltando la principal, cesan todas las demás. ¿Qué hará un alma sin oración expuesta a tantos peligros que en el mundo se advierten, afligida por las tentaciones, incitada por las malas influencias y apetitos (a los que el corazón humano es tan propenso) sin pedir ayuda y fortaleza a Dios a través de la oración? ¿Cómo lograremos vencer a nuestros enemigos y ser nosotros mismos los ganadores? Inevitablemente, iremos por el camino de la perdición si no rezamos diariamente. Entonces, ¿por qué no elegimos el medio de la oración para comunicarnos con la gracia de Dios y resultar así vencedores sin forzar un doloroso fin?

Dejando aparte otras excelencias, es cierto que los mayores elogios que podemos brindarle a la virtud de la oración son lo que ella fomenta a las otras virtudes. En primer lugar, la oración ayuda a la fe; con ella se obtiene mayor luz para creer en los misterios y las grandezas de Dios. Refuerza la virtud de la esperanza, dado que la oración ve el alma de la grandeza y la compasión de Dios en los favores que repetidas veces confirió a Abraham en sus viajes, a Jacob en sus temores, a José en su exilio, a David en sus persecuciones, a Job en sus enfermedades, a Tobías en su ceguera, en sus obras a Judith, a Esther en su petición; en suma, a todos aquellos que con corazón humilde se encomendaron a él. Del mismo modo, la oración ayuda a la Caridad, porque la oración representa en el alma la divina bondad, la humildad, la generosidad, la nobleza y las demás perfecciones que son innumerables.

Además de todo esto, se muestra la misericordia de la oración en cuanto a su Magnificencia hacia nosotros, cuánto nos amó, todo lo que por nosotros hizo, partiendo del pesebre hasta la cruz, cuántos bienes nos tiene preparados en el porvenir, cuántos nos otorga en el presente; de cuántos males nos ha librado, con cuánta paciencia nos ha tolerado y lo bien que nos ha tratado, además de las otras gracias concedidas en la creación, la conservación, la redención y la predestinación. Considerando todas estas cosas (todo lo que supone la oración), poco a poco nuestro corazón se va llenando de amor hacia el Soberano Señor. Si las Fieras aman a sus benefactores y las olas se rompen contra las rocas, ¿qué corazón será tan duro que, apreciando la inmensidad de todos estos beneficios, no se derrita ante el amor de quien se los ha concedido?

No solo atrae a las virtudes teológicas de la Fe, la Esperanza y la Caridad, sino a todas las demás virtudes, como son el temor de Dios, el dolor por los pecados cometidos, el desprecio de sí mismo (en lo que consiste la verdadera humildad) y la gratitud hacia las gracias divinas. ¿Cómo puede ser posible que un alma padezca dolor y contradicción sin considerar con complacencia (que es la verdadera sustancia de la oración) la crueldad, la gravedad de sus muchos pecados en cuanto a que estos ofenden a Dios y los graves daños que al hombre le causan? ¿Cómo agradecerá tantos divinos beneficios que no sabe ni cuántos ni cuáles son? ¿Cómo incitará a su propio corazón a temer a Dios si no se rinde a la sublimidad de una santa Majestad, a la grandeza de su Justicia, a la profundidad de sus juicios y a la multitud de sus propios pecados? ¿De qué manera podrá despreciarlos y humillarse si no considera la magnitud de sus debilidades, enfermedades, caídas y miserias?

La oración no solo es beneficiosa para la obtención de estas virtudes, sino que ayuda a la resistencia de los vicios a los contrarios. ¿Qué fuertes deben ser las tentaciones contra las que el hombre no pueda combatir con las armas de la oración y la meditación? ¿Con qué otras armas el hombre justo puede guerrear y vencer (según Fray Luis de Granada)? Si el pensamiento del deleite carnal le asalta, hay que pensar que eso se esconde en las llagas de Jesús. Aunque se esté afligido por la ira y por el deseo de venganza, se debe pensar en la suma paciencia y mansedumbre del dulce Redentor y en las preciadas palabras que pronunció colgado en la cruz pidiendo el perdón de los que lo crucificaron. Si lo sientes en tu garganta de nuevo y deseas la suave cama y la vida deliciosa, alza los ojos para mirar la hiel y el vinagre que bebió en esa fuente de vida sobre la cruz, la dura cama en la que murió y la áspera vida que sufrió. Cuando la soberbia quiere revelarse, considera su gran humildad; lo que somos, lo que hemos sido y a qué nos reduciremos, es decir, a una caja de siete pies estrecha y maloliente que se convertirá en vianda para gusanos. Cuando lo provoca la codicia, piensa en la pobreza extrema del Señor y que las riquezas se quedan aquí abajo, en la tierra. Si las presentes tareas te cuestan, considera que son momentáneas y son la grandeza de futuros bienes eternos. Y, asistido por los ejercicios de la penitencia, recuerda los ejemplos que nos dan los mártires y los antiguos monjes, que pronto terminaron sus sufrimientos para vivir una eternidad llena de infinitos bienes.

Quien viendo estas luces del cielo y estas ventajas espirituales no emprende con santa valentía el ejercicio de la oración se revela un hombre indiferente, negligente, cobarde y desafortunado mientras le da la espalda a la senda del cielo.

Modo de ejercitar la oración mental

—Segunda carta—

Para el mismo, instruyéndole a ejercitar la Oración mental

El demonio ha convencido al mundo de tres engaños y con ellos arrastra a tres partes de los hombres. El primer engaño es que el ejercicio de la oración no tiene gran importancia; el segundo es que esta no es para todos y el tercero es que es difícil. Sobre el primero habría mucho que decir y siempre sería poco, entendiendo, como se demuestra en la anterior carta, que no se encuentra un medio más válido para la justa salvación. En cuanto al segundo, que la oración no es para todo el mundo, bien se entiende el engaño, pues todos aquellos que mortalmente pecan y se pierden tienen por razón la falta de consideración. Respecto al tercero, que la oración sea difícil, es claramente un prejuicio. Pensar en la muerte, ¿es difícil? Pensar en Dios, en sus gracias, en su misericordia, en su propia miseria, en la gravedad de los pecados, en los cuatro novísimos, en la pasión, en la muerte de Cristo, ¿es difícil? ¿Esto no se puede hacer siendo tan fácil? No hay que decir que no se puede, sino que no se quiere. Entonces, con el fin de mostrar qué es la oración mental y lo fácil que resulta, explicaré brevemente a Vuestra Señoría cómo la ha de practicar.

La primera diligencia es la de elegir a un Protector para asegurar el buen provecho y la perseverancia en la práctica, ya sea la Santa Madre Teresa, Maestra del Espíritu, o san José o, si se opta por los dos, será la mejor elección. La oración mental tiene estas partes: Oración preparatoria, petición, meditación, oración y acción de gracias. Estando de rodillas (si cómodamente puede hacerlo), antes de nada, Vuestra Señoría ha de hacerse la señal de la cruz y valorará que va a tratar y conversar con el mismo Dios de la empresa más importante que hay en esta vida y que es la eterna salvación. Realizado, por tanto, el acto del arrepentimiento procurando dejar de lado los vanos pensamientos y habiendo leído algunos puntos de la meditación o de los cuatro novísimos, o de la propia cognición o de la encarnación, el nacimiento y la pasión del Señor o de otros misterios (todos se encuentran en algunos folletos de Villacastino, san Pedro de Alcántara, el padre Fray Luis de Granada, Don Antonio Molina, el padre Luis de la Puente, entre otros), entrará Vuestra Señoría en la primera parte que es la oración preparatoria, diciendo siempre de esta manera: *Aquí, Señor, está a vuestros pies el muy vil pecador arrepentido, deme la gracia por vuestra infinita bondad para poder emplear este breve tiempo al mayor honor y gloria vuestro y al provecho del alma.* Cerrará los ojos corporales para retirarse mejor al interior de su corazón, donde ha de tener presente a su amado Señor.

Así pues, Vuestra Señoría se hará la composición de lugar que en todas las meditaciones es el ir con la imaginación al sitio donde ocurre lo que se medita. Como se ha leído, para el momento del sudor de sangre entrará con la imaginación en el huerto y admirará ese espectáculo; si se refiere a los golpes, entrará en el salón donde estaba Cristo Señor nuestro atado a la columna; si se alude a la muerte, imagínese a un fallecido que conozca, y así sucesivamente con los otros novísimos. Y no será difícil hacer esta composición con el pensamiento o con la imaginación, porque, si yo quiero pensar en Roma, me resulta muy sencillo y de la misma manera me ocurre con el cielo, porque paseo cuando quiero por esos lugares celestiales.

Hecha, pues, la composición de lugar, pasará Vuestra Señoría a la segunda parte después de la preparación que consiste en pedir al Señor, la luz necesaria para meditar sobre el asunto que ha leído. Así, pasará después a la tercera parte, que es la meditación y que le llevará más tiempo. Se compone de las dos potencias: Memoria e Intelecto. Con la memoria tendrá presente los contenidos que ha leído, como, cuando lea sobre el sudor de la sangre, llevará a su memoria la angustia, la aflicción que tuvo Cristo nuestro Señor arrodillado en el huerto. En cuanto al intelecto, y creyendo todo lo que la memoria representa, debe meditar, es decir, pensar en esos sucesos muy pausadamente considerando quién es este que con tanta pena y pesadumbre padece. Y contéstate a ti mismo: este no es más que el Hijo de Dios, el Creador del cielo y de la tierra con el que viste el cielo de nubes, de astros y de estrellas; el que adorna de flores y de plantas la tierra, sustenta los vientos y viste con plumas a las aves. Considerará con interés y le preguntará a su alma por qué padece. Responderá como una vil criatura, como soy yo mismo, la más vil y miserable que se haya creado. ¿Por qué razón? Por mis culpas. En este momento, actúa el intelecto, grave es someter a un Dios hombre a tales penas, considerando el afecto con el que padece y el amor infinito que nos da. Estas razones se pueden aplicar en cada paso de la pasión.

Sigue después el trabajo de la voluntad (que es la oración) y la cuarta parte por la que el alma admira el esfuerzo de un Dios infinito. Se arrepiente con dolor haber expuesto a su Majestad en juicio de tanta pena. Aquí verá Vuestra Señoría la gravedad de sus culpas, horrendas y abominables, ya que, para remediarlas, el Señor debe sufrir un cúmulo de muchas angustias. Ha de procurar ahora que se encienda la voluntad estallando en actos contemplativos de amor, compasión y caridad, procurando corresponder así al gran refinamiento de amor de su Señor, que se convierte en un hombre para pagar nuestra culpa y sufrir con infinito amor, gran variedad de reprimendas, calumnias, deshonores, tormentos y penas. Los actos de la voluntad, del amor, del disfrute, del dolor y de la admiración son exactamente la oración.

Si Vuestra Señoría reconoce que el alma encuentra gusto en el primer punto de los que ha leído, párese en él y no pase al segundo. Y, si en el primero o en el segundo siente a su alma árida, indiferente, pobre, desarmada, pase al tercero o al cuarto como sucede en el banquete con muchos platos, que comemos el que más nos agrada.

La quinta parte consistirá en dar las gracias infinitas al Señor por todos los beneficios recibidos y, en particular, por haberlos concedido en ese momento de la oración, en el que tantas almas elegidas practican ese Santo ejercicio y pedirá Vuestra Señoría perdón por las negligencias y por las faltas que habrá cometido en la oración, ya que siempre cometemos muchas en ella. Y finalmente dirá gracias con gran entusiasmo y esperanza, que es la mayor de todos los dones.

Si el alma se encuentra cansada para no poder meditar, conversar o reflexionar, no por esto Vuestra Señoría debe consternarse ni dejar la oración: el remedio es humillarse, pedir perdón, ofreciendo algunos actos de dolor y de humildad como, por ejemplo: ¡Ay, Señor, que no sé meditar, soy un miserable! ¡Ay, Señor, que le he ofendido y no sería merecedor de estar en su presencia! ¡Ah, señor, que me inquietan los pensamientos! Pequé, Señor, pequé, tenga misericordia conmigo. U otros formalismos. La oración no consiste en tener muchas contemplaciones y agudos discursos, sino que consiste en que cada uno haga lo que pueda y continúe siempre, ya que Dios le ayudará.

Si Vuestra Señoría nota que su alma está distraída (aunque el momento de ocio y diversión haya durado) a causa de la molestia de los impertinentes y feos pensamientos, sepa usted que a Dios le gusta, y que su oración es buena y santa mientras le den pena y no los quiera. Procure sin brusquedad ignorarlos, presentándose con humildad ante la presencia de Dios, diciéndole: ¡Ah, Señor, qué miserable soy! Y aunque estos pensamientos sean millares, no se fatigue, súfralos con tolerancia, que el placer de Dios vale la pena y un día su paciencia será premiada, como le sucedió a santa Teresa de Jesús, a la que Dios hizo perfecta y santa por haber perseverado en la oración durante dieciocho años (lo dice ella misma), tolerando distracciones, faltas tenebrosas, esfuerzos y cantidad de pensamientos desagradables.

Apostillamos esta materia con lo que recoge Ludovico Blosio sobre las palabras que pronunció la purísima Virgen María a santa Brígida: *Hija, persevera en la oración, por mucho que te despistes con distracciones, debilidades y oscuridad, porque tu buen propósito lo aplicas en dejar estas cosas de lado y esto será es-*

timado por mi Hijo como una oración perfecta; aunque te resulte difícil obviar estos pensamientos, recibirás después la Corona en el Cielo.

Procure, pues, Vuestra Señoría, esforzarse y avivar la voluntad, aunque se sienta desganada, porque Dios acepta con agrado estas condiciones, considerándolas leves sin preocupación, recibiendo con pureza de ánimo y aceptación los gustos sensibles, como la pobreza de sentimientos, porque tanto lo uno como lo otro son receta de la mano divina. Imite la conformidad de Cananea, que fue tres veces rechazada por el Señor, diciéndole a la tercera que no estaba bien darle el pan de sus hijos a los perros; ella respondió paciente y con semblante complaciente, recibiendo con templanza de ánimo y aceptación su rechazo. Satisfecho el Señor por su paciencia y resignación, le dijo: *Hágase, oh, mujer, lo que tú quieras,* otorgándole a la mujer la justa salvación.

Advierta que Dios la trató como a un perro con gran dureza con las mismas cualidades del perro, le respondió con regocijo. Cuando al perro se le ofrece el pan tierno, lo recibe con gusto y mueve su cola en señal de contento, y con la misma alegría responde al hueso roído que a la carne. El Señor quiere que las almas sean perros fieles; que cuando se les ofrezca el pan duro, fruto de la oscuridad y la pobreza de sentimientos, lo reciba con la misma alegría que cuando se les ofrece el tierno pan del fervor, de las lágrimas y de la sensible devoción.

Por último, no haga Vuestra Señoría la oración como la hacen muchas personas para huir de la pobreza de sentimientos y encontrar la dulce devoción, porque el beneficio de la oración es grande. Y la oración no consiste en las lágrimas o en los deleites y los fervores de las sensibles devociones, sino que consiste en la perseverancia, y más deseando cumplir la voluntad de Dios. Persevere, pues, Vuestra Señoría, aunque se sienta cansada, débil, afligida, agotada, perezosa, rota, porque, sea

como sea, siempre es bueno comer, aunque
no sea de gusto.

FINAL

Imprimatur si videbitur Reverendis
P. Mag. S. Pal. Apos.
I. de Ang. Arch. Urb. Vicesg.
Imprimatur
Fr. Raymundûs Capissucus Ord. Praed. Sac.
Pal. Apost. Mag.

Comentario histórico, filosófico y literario a esta edición[1]

— Sergio Rodríguez —

En la vida ordinaria existen diversas actitudes frente a la realidad que hacen que, mientras casi todos vean, un grupo mayoritario mire y finalmente solo unos pocos observen. La observación es el inicio de cualquier transformación, la biológica —desde el desarrollo neuronal al síndrome de Fellini—, la emocional —como el síndrome de Stendhal— o la intelectual, que mediante una labor de síntesis entre lo experimentado y lo conocido permite aprehender algo o mucho de lo esencial de lo percibido. Más allá se inicia el ca-

[1] A mi admirado padre, José Miguel, y a mi gran amigo Stefano Palumbo, almas serenas en medio de la tempestad.

mino de la mística, con sus categorías propias de desvelar, visualizar y contemplar.

Durante mi larga estancia en Italia fui consciente de la enorme oportunidad que se abría ante mí para tener un acceso directo a algunos de los lugares que conservan las fuentes originarias de buena parte del saber occidental. Y empecé a dedicar mi tiempo libre a recorrer archivos, bibliotecas, museos y colecciones públicos y privados del país que está considerado por la Unesco como el primero en patrimonio cultural. Solo de esa forma, y buscando sobre todo lo que en ellos tenía que ver con lo hispano, lo español y lo iberoamericano, me resultó posible acceder a manuscritos de Séneca, a la tumba del cardenal Margarit, a los papeles de Miguel de Molinos y a los lugares que inspiraron a Jorge Ruiz de Santayana, más conocido como George Santayana.

Este libro es fruto de la búsqueda de los lugares de Roma por donde transcurrió la última parte de la vida de Molinos, al que la mayoría de mi generación ha tenido acceso a través de las ediciones que desde 1976 se publicaron de su *Guía espiritual,* producto tanto de los cambios posteriores al Concilio Vaticano II como del cambio de régimen que culminó en la Constitución de 1978. Las páginas que siguen son el fruto del acceso a los archivos, hasta no hace mucho restringidos, y a los lugares relacionados con el molinosismo romano, casi desconocidos.[2]

2   Quiero expresar mi agradecimiento a la Biblioteca Apostólica Vaticana, a la Biblioteca Nacional de España y a la comunidad agustina de la iglesia de Sant'Ildefonso e Tommaso da Villanova de Roma por el acceso a sus fondos y a la cripta, así como a la doctora María Nogués, profesora de la Universidad de Zaragoza, por su excelente, cuidada y contrastada traducción del texto original de Molinos; a monseñor Álex Cifres, por sus indicaciones sobre los fondos del Archivo de la Congregación sobre la Doctrina de la Fe, y al doctor José Luis Martínez Gil, OHSJD, historiador medievalista, experto archivista y enfermero de papas.

La figura de Miguel de Molinos

El misticismo cristiano es tan antiguo como el propio cristianismo, como también lo es el misticismo asociado a cada una de las tradiciones religiosas. Ya en los albores de la vida cristiana el apóstol san Juan eligió la isla griega de Patmos para concluir sus días, donde escribió el *Apocalipsis*. La progresiva urbanización de la vida romana llevó a un movimiento, más oriental que occidental, que propugnaba retirarse a lugares apartados para, alejados del murmullo, estar en disposición de escuchar la voz interior.

En el siglo IV surgió el movimiento de los Padres del Desierto, así conocidos porque su reflexión teológica dio lugar a que varios de ellos fueran posteriormente declarados por el cristianismo como Padres de la Iglesia. Entre ellos están san Antonio Abad, san Basilio de Cesarea, san Cirilo de Alejandría, san Gregorio Nacianceno y san Pacomio, considerado el fundador de la vida monacal. Los escritos de algunos de estos autores y de otros monjes fueron recogidos en la *Filocalia,* una antología realizada en el siglo XVIII por dos monjes del Monte Athos que cubría más de mil años de oración de la Iglesia de Oriente. No faltaron unas Madres del Desierto, entre las que destaca santa Tecla de Icomio. De la última parte de aquel periodo es Dionisio Areopagita, conocido como el «Pseudo Dionisio» para distinguirlo de su homónimo santo, quien, partiendo de la base del neoplatonismo transmitido por Plotino, planteó la ascesis y la oración como medios de unión del alma con Dios. No faltó en todos ellos el concepto de iluminación de san Agustín de Hipona.

El siglo XII fue el marco en el que se desarrollaron varios movimientos que, más que el retiro, planteaban la simplicidad como base para una vida cristiana más auténtica. Entre los diversos movimientos que surgieron estaban los franciscanos, los humillados, las beguinas, los valdenses o los cátaros. Su evolución provocó que los segundos fueran suprimidos en 1571, las terceras fueran en parte asimiladas a las carmelitas en 1452 (el resto persistitió hasta 2013), los cuartos se consideraran cismáticos y los quintos fueran declarados heréticos. De aquel periodo son algunos místicos como san Francisco de Asís, Eckhart de Hochheim, santa Hildegarda de Bingen, santa Brígida de Suecia, santa Ángela di Foligno o san Bonaventura di Bagnoregio. Del final de aquella época es la *Imitación de Cristo* (1441), de Tomás de Kempis.

En el Barroco, el periodo de la fragilidad epistemológica, del relativismo ético y del exceso estético, surgieron otros movimientos que intentaron volver no tanto a la simplicidad como a la austeridad, aunque no desde el apartamiento, sino en la vida ordinaria. De aquella época son san Ignacio de Loyola, santa Teresa de Jesús, san Juan de la Cruz, fray

Luis de León, la venerable María de Jesús de Ágreda o santa Ana Catalina Emmerick. De ellas surgieron escuelas como la carmelitana o la ignaciana, que dieron obras como los *Ejercicios espirituales* (1548), *Las moradas o El castillo interior* (1577) o los dibujos *Monte de perfección* (1579).

Fue precisamente en aquella época cuando surgió el fenómeno del beaterío, que, a partir de los conventos franciscanos, donde se congregaban laicos y laicas a orar, fue el origen de los recolectorios. Una radicalización de estos grupos dio pie al alumbradismo (o los alumbrados), a medio camino entre el catolicismo y el protestantismo. Su postura *quietista* y provocativa fue condenada en 1525 por el Edicto de Toledo. Aquella época tiene como marco la expulsión de los judíos de España (1492), la Reforma protestante (1517) y la expulsión de los musulmanes de España (1616).

Es en ese contexto de duda científica y sospecha moral, de absolutismo en las estructuras, donde hay que situar la figura de Miguel de Molinos. La búsqueda de Dios a través del ascetismo, la lectura, la solidaridad, la oración, la meditación y la contemplación se desarrolla de forma paralela a la obsesión por la limpieza de sangre y la ortodoxia de pensamiento, con la amenaza de fondo de las denuncias, ciertas o no, veladas o públicas, de criptojudaísmo o pseudoprotestantismo. Tal es el contexto de la España de la época, cuyos territorios ocupaban casi la mitad de Europa, en plena pugna con Francia por el control del continente.

No es de extrañar que la obra de Molinos despertara sospechas desde su inicio. Molinos, que utilizaba el concepto de meditación, muy habitual en la mística judía, procedía de una zona del bajo Aragón donde habían existido importantes juderías, por lo que despertó sospechas de judaizar. Por otra parte, la ponderación molinosista de la oración frente a los sacramentos despertaba sospechas de alumbradismo y, por tanto, de protestantizar.

Nada de eso era cierto. La formación de Molinos, el fundador del quietismo, hay que buscarla en su periodo valenciano, que luego describiremos. En los 17 años que pasó allí estudió en el colegio de San Pablo de los jesuitas, donde no solo trabó contacto con los medios de dirección espiritual de los padres de la Compañía, sino con los propios ejercicios espirituales de su fundador; a ello habría que añadirle la difusión, entre otras, de la doctrina del jesuita Luis de Molina, de cuya filosofía política sobre administradores y administrados realiza una traslación a categorías teológicas. No olvidemos la influencia que el erasmismo había tenido en España, como puso en evidencia Bataillon.

Otras tres son las fuentes de las que bebe Molinos. Al servir como sacerdote beneficiado en la iglesia de San Andrés, frecuentó tres instituciones cercanas. Por una parte, el oratorio de San Felipe Neri (1646) sentaría en él la noción de que conjugar piedad y caridad era vía para la salvación del alma. En segundo lugar, el convento de San Juan de la Ribera, de los franciscanos descalzos, inculcó en él el misticismo como experiencia espiritual más que como concepto teórico. Finalmente, en el colegio del Corpus Christi frecuentó la Escuela de Cristo (1662), institución también oratoriana, que le mostró que la experiencia mística era compartible si la labor del altar y del confesionario se complementaban con una experiencia interior más que racionalmente discursiva, basada sobre todo en la anulación de la voluntad para abandonarse a la de Dios. Con resonancias agustinianas por la iluminación interior (no olvidemos que en Valencia fue confesor de las agustinas),[3] afirmará años más tarde en su *Guía:*

3 Su convento de San José y Santa Tecla, tal como lo conoció Molinos, había sido refundado en 1556 en la calle del

La experiencia de largos años –por las muchas almas que se han fiado de mi insuficiencia para la conducción del interior camino a que han sido llamadas– me ha enseñado la grande necesidad que hay de quitarles los embarazos, inclinaciones, afectos y apegos que totalmente les impiden el paso y el camino a la perfecta contemplación (Molinos, 1675: lib. 3, cap. 3, punt. 27).

Tras la muerte de Molinos, su obra cayó en el olvido y su nombre quedó asimilado al de la Inquisición. Sin embargo, el quietismo estuvo en las bases del conceptismo de su paisano Baltasar Gracián, procedente uno de la baja Zaragoza y originario el otro del alto Teruel. Y su ascetismo ha sido uno de los elementos

---

Mar, cerca de la catedral. Era uno de los más conocidos de Valencia por albergar el calabozo de San Vicente y la imagen del Cristo del rescate (Montoya, 2020: 220-221).

que han configurado el carácter colectivo español, tendente a la sinceridad y la austeridad.

El teólogo protestante Gilbert Burnet calificó a Molinos de reformador del cristianismo, «como Descartes lo fue de la filosofía» (Menéndez Pelayo, 1882, vol. 5: 254), por el nuevo paradigma que propugnaba. Su influencia se extendió rápidamente por Italia (Petrucci), Alemania (Francke), Francia (Lacombe) y los cuáqueros del Reino Unido. Y no hay que olvidar las analogías molinosistas en la crítica de la voluntad de Schopenhauer o la noción de nada en Heidegger. En España hubo que esperar a que Marcelino Menéndez Pelayo, en su *Historia de los heterodoxos españoles* (1882), lo rescatara del olvido.

La persona tras el personaje

El 28 de diciembre de 1696 moría por asfixia en Roma, en la prisión de la Inquisición, uno de los autores más originales y singulares del pensamiento español. Abandonado por todos y tachado de hereje, el teólogo y místico aragonés Miguel de Molinos fue una figura de frontera y a contracorriente que en pleno barroco propuso una simplicidad que, más que renacentista o incluso clásica, era oriental. Y lo más curioso es que lo hizo con una reducida producción intelectual.

Miguel de Molinos Zuxía, a quien todavía hay quien confunde con el jesuita Luis de Molina, había nacido en Muniesa (Teruel) el 29 de junio de 1628. Era hijo de Pedro Molinos y de Ana María Zuxía. Se le puso, como era tradición, el nombre de su abuelo paterno, ya que era nieto de Miguel Molinos y María Blasco y de Juan Zuxía y Catalina Aznar (Dudon, 1912: 3). Su tío Juan fue sacerdote y una hermana se adelantó a Miguel yendo a Valencia para profesar como religiosa. Fue educado en el seno de una familia modesta, que vivía en una casa de la calle Mayor.

En 1646, a los 18 años, abandonó Muniesa para estudiar en Valencia, acogiéndose «a un beneficio eclesiástico en la iglesia de San Andrés, por ser muniesino, ya que fue fundado para ellos por Bernardo de Mucio en 1563, un prohombre nacido en Muniesa» (Pardo, 2019: 32). Era aquella una época de esplendor de la diócesis valentina, inmediatamente posterior al patriarca san Juan de Ribera. Tras licenciarse en el colegio jesuita de San Pablo, se ordenó sacerdote el 21 de diciembre de 1652. Fue confesor de las agustinas en su convento de Santa Tecla para después opositar en dos ocasiones, sin éxito, a la plaza de penitenciario del Real Colegio del Corpus Christi. Algunos autores sostienen qe era un «hombre de ingenio e inferior aplicación», pero «modesto y virtuoso», que en Valencia «dio buen ejemplo, ganando el crédito de moderado teólogo moral, nunca escolástico» (Pons, 2018: 63).

Tras doctorarse en Teología (1660), probablemente en el colegio de San Pablo por delegación de la Universidad de Coímbra, ambos de los jesuitas, el 4 de junio de 1662 Molinos fue admitido en la Escuela de Cristo, fundada en Valencia el 25 de marzo a imitación de la de Madrid, fundada en 1653. La Escuela de Cristo era una cofradía creada en torno al Oratorio, formada por «sacerdotes seculares y laicos para la mejora de la vida cristiana de sus miembros, que tenía semejanza con la Congregación del Oratorio de San Felipe Neri fundado en Roma en 1575. Allí se practicaba el ascetismo por medio de ejercicios piadosos, penitencias, meditación en la humanidad de Cristo y caminos de humildad» (Pardo, 2019: 33). De entre sus miembros, dos serán posteriormente objeto de postulación, Domingo Sarrió y Juan Bautista Sorribas, pero otros dos serán procesados: Luis Noalles y el propio Molinos. Su sede estaba en la capilla del Real Colegio del Corpus Christi, donde se reunían cada lunes dos horas antes del anochecer. Durante las siguientes dos horas hacían oración mental, ejercicios de culpas y disciplina personal.[4] Entre los ejercicios de fe y las obras de misericordia que en ella se practicaban estaba «el ejercicio de la buena muerte», lo que lo llevará a escribir su *Devoción de la buena muerte con ejercicios de meditación* (1662), publicada bajo el pseudónimo de Juan Bautista Catalá en la imprenta que su paisano Bernardo Nogués regentaba en Valencia. También se acompañaba a los enfermos, se visitaba a los presos y se acogía a los peregrinos.

Estando en San Andrés vivió sin duda la polémica desatada entre los partidarios y los detractores de la beatificación de otro beneficiado, el venerable Francesc Jeroni Simó, fallecido pocos años antes con fama de santidad. Por su misticismo, *lo Pare Simó* generó una escuela de seguidores, los simonistas, en-

4 Para un estudio pormerizado, remito a la excelente obra de Juan Antonio Monzó Climent.

tre los que se contó pronto a Molinos (también la Casa de Habsburgo), a la que pronto se contrapusieron los dominicos, los antisimonistas, polémica que años más tarde no le beneficiaría nada en su confrontación con la Inquisición. Ese alineamiento fue el motivo por el que la Diputación del Reino de Valencia le encargó ir a Roma en 1663 como postulador de la causa de beatificación del sacerdote valenciano.

Fue sin duda la etapa romana la que propició la madurez del pensamiento molinosista, tras la fase valenciana de formación y pastoral entre el misticismo popular y el acompañamiento espiritual. Molinos, persona de fuerte carisma, mediana estatura, barba negra, tez morena y voz grave, llegó a la ciudad eterna con 34 años. Tras vivir en la *via* della Vite, junto a la *via* del Corso, pasó luego a la Piazza di San Marcello para concluir en la casa general de los agustinos recoletos, de fundación española.

Es allí donde Molinos recreó la Escuela de Cristo valenciana, dando consejo espiritual a la sociedad romana, entre ellos a la reina Cristina de Suecia. Durante mi periplo romano pude descubrir que, junto a la antigua casa general, en la *via Sistina,* se encuentra la cripta donde la Escuela tenía sus encuentros. Durante mi estancia en Roma tuve ocasión, más bien el privilegio, de visitar el lugar. Situado bajo la anexa iglesia de san Ildefonso y santo Tomás de Villanueva, a la que se accede mediante una tortuosa escalera casi olvidada, llena de enseres en desuso, fue posteriormente utilizada como frontón por los agustinos españoles, en su mayoría vasco-navarros, que lo llamaban «el Molinos». Ahora está vacía. Al escribir estas líneas no puedo olvidar la emoción de ser los primeros ojos, fuera de los agustinos españoles, que veían el espacio desde la muerte de Molinos.

Entre sus seguidores romanos estuvieron los cardenales Casanate, Carpegna, Azzolino y Odescalchi, quien al convertirse en 1676 en Inocencio XI avalaría la labor de Molinos, llegando a pensar en elevarlo a cardenal. Su mayor valedor era el oratoriano Pier Matteo Petrucci (1636-1701), obispo de Jesi y futuro cardenal camarlengo. En aquella misma época, Molinos codifica sus intuiciones en su *Guía espiritual* (1675), que en tan solo seis años tuvo 20 ediciones, a la que seguirán sus *Cartas* (1676), escritas con la sencillez de la prosa moderna en una época estilísticamente barroca. La primera obra, eje central de su pensamiento, recibió el *imprimatur* tras obtener el parecer favorable de cuatro teólogos de la Inquisición.

Durante aquel acompañamiento espiritual a través de la Escuela de Cristo, que tuvo su continuación *virtual* con más de 12 000 cartas, Molinos fue desarrollando sus intuiciones: para configurarse con Cristo lo esencial es suspender la propia voluntad hasta crear un vacío interior en el que, mediante la oración, se puede visualizar en él la presencia directa de Dios, a quien no se llegaría por el conocimiento, sino mediante la experiencia. Molinos habla de recogimiento, aniquilación, muerte mística, suspensión de la palabra, visualización, paz interior... «La oración mental es conversación amorosa que tiene el alma con Dios» (Molinos, 1676: 8), llega a decir, en una frase de resonancias teresianas. Con esa *contemplación pasiva infusa,* la única diferencia con los santos es «que ellos ven cara a cara y nosotros por la fe» (Molinos, 1675: lib. 1, cap. 3, punt. 93). En su obra hay referencias a los grandes místicos, desde los carmelitas santa Teresa de Jesús o san Juan de la Cruz hasta el dominico Johann Tauler o el jesuita Jean-Joseph Surin, pasando por la visitadora santa Marie de Chatal o el franciscano san Buenaventura, con una base neoplatónica y una argumentación agustiniana.

Molinos ponía el acento en la presencia de Dios en la cotidianidad y la importancia de la gracia en el camino espiritual. «Esta hidra de siete cabezas que es el amor propio se ha de degollar para llegar a la cumbre del alto monte de la paz», afirmaba. De ahí que el camino para llegar a la fusión con Dios sea la nada. Vaciándose de uno mismo, del egoísmo y las preocupaciones, uno «llega a perderse en Dios» (Molinos, 1675: lib. 3, cap. 18, punt. 165); una vez purificado, con el alma quieta, él se encarga del resto. Es evidente que sus propuestas se contraponían a la mediación sacramental, pese a que Molinos proponía también la comunión y la confesión, por lo que pronto empezó a despertar los recelos de jesuitas y dominicos. Su discurso contemplativo se oponía también al discurso de los jesuitas (faltaban aún cuatro siglos para el nacimiento de Javier Melloni). El primer ataque fue de los jesuitas Gottardo Belluomo y Paolo Segneri en 1681, lo que motivó la creación de una comisión de la Inquisición que concluyó en 1682 con un dictamen favorable a Molinos. Fruto de aquellos ataques es su impublicada *Defensa de la contemplación.*

La fama de Molinos seguía en aumento en una Roma italianizada donde lo español fue siempre visto con recelo; es por aquellos mismos años, y en aquel mismo lugar, cuando se fragua la Leyenda Negra. Al crearse otra Escuela de Cristo en Nápoles, en 1682, el cardenal napolitano Innico Caracciolo escribe a Inocencio XI acusando de pitagóricos y esotéricos a los quietistas, siendo el primero en acuñar el concepto. A ese nuevo ataque se sumaron los de Luis XIV, por el alineamiento de España con los Habsburgo, a través de su confesor, el jesuita François de la Chaise, y su embajador, el cardenal Cesar d'Estréss, ambos en 1685. Ante la nueva dimensión política de la cuestión, el papa Inocencio acabó permitiendo que la Inquisición procesara a Molinos, que aquel mismo año fue apresado junto con su biblioteca y su archivo personales en su casa de la *via* Panisperna, donde vivía como confesor de las clarisas en su convento de San Lorenzo, con otros dos sacerdotes españoles.

Junto a él también apresaron a setenta de las personas que frecuentaban la Escuela romana, entre ellos los duques de Cesi y los condes de Vespiani. Molinos optó por defenderse a sí mismo, diciendo que «solo había enseñado la licitud de los malos actos en el caso de no intervenir en ellos la razón ni la voluntad, sino el inferior sentido, instigado por el demonio, y permitiéndolo Dios para probar y purificar el alma. Que había enseñado la doctrina del quietismo solo para los que van por el camino de la perfección, teniendo y considerando las ceremonias externas como inferiores a la unión que por el quietismo se logra» (Menéndez Pelayo, 1882, vol. 5: 187).

Ante la lentitud del proceso, por la dificultad de construir un aparato crítico contra sus enseñanzas, se optó por obligar a que se inculpara de haber intimado con mujeres y hombres (y animales) en su acompañamiento espiritual. Según sus acusadores, al suspenderse la voluntad se suspendía la responsabilidad y el alma se inclinaba al pecado.

Las actas de aquellos interrogatorios no se conservan, ya que la Inquisición los destruyó durante la República Romana (1798-1799), para evitar que cayeran en manos de Napoleón. En el archivo de la Congregación para la Doctrina de la Fe solo hay 46 documentos del proceso, básicamente decretos y censuras. Mucho menos es lo que se conserva de él en la Biblioteca Vaticana, donde solo hay un ejemplar original en italiano de sus deliciosas *Cartas escritas a un caballero español desanimado para ayudarle a tener oración mental dándole un modo para ejercitarla*. La tendencia en los apresamientos era depositar las obras decomisadas en la citada biblioteca, donde sin duda aún están.

Tras dos años de proceso, en 1687, Molinos fue condenado a cadena perpetua por heterodoxia e inmoralidad, sentencia ratificada por Inocencio XI con la bula *Cœlestis pastor,* y obligado a abjurar de sus tesis en la casa general de los dominicos, junto a la iglesia de Santa Maria sopra Minerva. Ninguna de las sesenta y ocho tesis de la condena se basa en sus escritos, sino en sus confesiones en prisión y en escritos atribuidos a él. De aquella época, y por motivos evidentes, es su *Breve tratado de la comunión cotidiana* (1687). Durante aquellos nueve años de reclusión fue obligado a vestir un hábito penitencial, a recitar cada día el Credo y el Rosario, y a confesarse cuatro veces al año. Investigaciones personales de quien esto escribe han podido ubicar su prisión en el Palacio del Santo Oficio, en el Vaticano. Sus restos fueron depositados casi con total seguridad en el osario que hay bajo el archivo de la propia Congregación, encontrado en 2006 durante unas reformas, que también tuve ocasión de ver.

Comentario a esta edición

La edición que tiene el lector entre sus manos es un pequeño tesoro. No solo porque no haya sido publicada desde 1676, sino porque puede ser leída tras trescientos cuarenta y seis años de olvido. Se trata, pues, de una obra casi inédita de Molinos, nunca más publicada separadamente desde su primera edición, que como veremos a continuación expone lo central de su pensamiento.[5]

Formalmente se trata de un libro impreso en caja regular, con letra romana y tinta negra, de cuarenta y seis páginas, ilustrado a la manera barroca, con letras capitulares y filetes que reproducen ángeles y plantas. Nos ha llegado a través de dos de los ejemplares que se salvaron tras su destrucción, a raíz del pro-

[5] Solo Pilar Moreno Rodríguez transcribió las *Cartas,* a partir de la edición española, en su obra de conjunto sobre Molinos (1992).

ceso inquisitorial. El primero es una edición española ubicada en la Biblioteca Nacional de España bajo la signatura VE/1487/15. La otra es una edición italiana que se encuentra en la Biblioteca Apostólica Vaticana bajo la signatura R. G. Teol. VI 1035 (int-26), si bien sus clasificadores, derivados de los tejuelos originales, revelan que proceden de los libros incautados a Molinos: Stamp. S. Offizio 243 (1-4) y Stamp. S. Offizio 291 (2).

La elección de esta segunda no es casual: al ser anterior, contiene algunas modificaciones introducidas por Molinos. Efectivamente, en la cubierta de la edición española (BNE) se indica que las *Cartas* están «recogidas y sacadas a la luz por un devoto», mientras que en la edición italiana (BAP) se dice que están «mandada(s) traducir de la lengua española e imprimir por un devoto».

El título original de la obra hay que enmarcarlo en el lenguaje barroco de la época: *Cartas escritas a un caballero español desenga-*

*ñado para animarlo en el ejercicio de la ora-
ción mental dándole un modo de hacerla.* Para
esta edición se ha optado por simplificarlo
para hacerlo más inteligible al lector actual,
optando por el de *Cartas para el ejercicio de
la oración mental.* El propio prologuista-traductor reconoce en ambas ediciones la voluntad divulgativa, al decir que «en pocas hojas
explica con no menor facilidad y eficacia lo
que para otros es materia de libros enteros»
(Molinos, 1676: 2).

Las cartas ocupan un lugar central en la
producción molinosista, en la que se advierten dos líneas. Por una parte, la línea mística,
formada por la *Guía* (1675), las *Cartas* que
nos ocupan y la *Defensa* (1680);[6] por otra, la
línea devota, compuesta por la *Devoción de
la buena muerte con ejercicios de meditación*
(1662) y el *Breve tratado de la comunión coti-*

6 Los títulos completos de estas tres obras, a la manera
barroca, figuran en la bibliografía de este libro.

diana (1675). Tres de las cuatro forman parte de su etapa romana y fueron, por tanto, impresas por Ercole; solo la primera, todavía en su etapa valenciana, fue impresa por Nogués. Las *Cartas,* en cambio, son singulares, ya que, aunque impresas por Ercole, fueron escritas antes de 1663, cuando Molinos se instaló en Roma, tal como dice el prologuista-traductor: «estas cartas (¡oh, devoto lector!) que escribió el Doctor Miguel de Molinos hace muchos años en España».

Su impresor era un clásico en Roma. El mismo año en que publicó las *Cartas,* el editor Ercole imprimió también las obras teatrales *Adargonte* y *L'Innocenza trionfante* del polifacético erudito Prospero Mandosio (1643-1724) y las *Memorie di S. Maria in Portico di Roma* del sacerdote orientalista Ludovico Marracci (1612-1700). Durante mi estancia en Roma tuve también ocasión de localizar su ubicación. El editor romano Michele Ercole nunca la reveló, pero a su muerte el negocio pasó a su hijo Antonio Domenico, quien desde 1688 empezó a firmar los títulos de crédito como D. A. Herculis o Domenico Antonio Ercole in Parione, para finalmente firmar como Domenico Antonio Ercole alla Strada di Parione, calle que corresponde a la actual *via* del Governo Vecchio, junto a la Piazza Navona, en pleno centro de la Roma papal. En 1755, al transferirse la sede del Governatorato di Roma desde el Palazzo Nardini al Palazzo Madama, la calle adquirió su actual denominación. Falta por verificar si el edificio del siglo xv que está en el número 104, en cuya fachada aún se puede leer *D BARTO NV LIBER*, fue efectivamente la sede de la imprenta.

El título de la obra no es casual. A lo largo de su acompañamiento espiritual, Molinos escribió más de doce mil cartas, fruto del elevado número de seguidores que tenía su Escuela de Cristo romana tanto en lo que era la actual Italia como en España. Sin embargo, opta por el género epistolar por su forma más directa de exposición y, como no puede ser casual, por ser el elegido por su maestro, el místico mercedario Juan Falconi de Bustamante (1596-1638), para sus obras *Carta a una hija espiritual* y *Carta a un religioso*. Finalmente, no olvidemos la ascendencia de la conversión paulina sobre Molinos, quien, a la manera de san Pablo, quiere hacer llegar a las personas, que no a las comunidades, su ánimo y su método.

La obra explicita su estructura en el título. Las *Cartas* se dividen en dos capítulos, que se corresponden efectivamente con dos cartas: la carta primera, con el subtítulo *Excelencias de la oración mental sacadas de los santos,* contiene la base teórica de su exposición, y la carta segunda, subtitulada como *La oración mental, instruyendo sobre cómo debe ejercitarse,* explicita un modo de cómo realizarla.

No está tan claro quién era su destinatario. Molinos tenía muchos seguidores, entre los que se contaban numerosos miembros de la nobleza, desde príncipes a caballeros. No hay en la obra ningún indicio que permita conocer su identidad, salvo el hecho de que la edición italiana explicite que la traducción fue encargada por «un devoto». Es más, se trata de la única obra en la que el prólogo no lo escribe el propio Molinos, sino alguien[7] que explicita que las cartas no son para la ocasión, sino que fueron escritas «hace muchos años en España a un caballero», por lo que el benefactor de la obra se había animado a sufragar su traducción «al ver el gran provecho que han hecho algunas copias manuscritas». Él mismo advierte de que las reproduce «tal como llegaron a sus manos», sin buscar «la autoridad» (Molinos, 1676: 3-6) a quien se dirigían.

Sin embargo, resulta curioso que el propio Molinos, en una carta fechada en Roma

7 Tal vez se trate del propio Ercole o de Antonio de Juan y de Centellas, gran canciller de Milán, fiscal y regente del Consejo de Italia desde 1666, pero son meras intuiciones a partir de indicios.

el 18 de abril de 1679 para Sancho de Losada (1636-1693), felicitándole por su traslado desde Palermo a Madrid para asumir el cargo de alcalde de casa y corte, le diga que no sabe si le dio «en Roma un librito de dos cartas» suyas «que tratan de esta materia. Si lo tuviere, sé de cierto que se lo envié al señor don Melchor de Navarra»,[8] refiriéndose a que «solo es bueno en el mundo lo que nos ayuda a ir al cielo. El único cuidado que ha de ocupar su corazón es agradar solo a Dios. El premio que dan los hombres es momentáneo; el que da Dios es eterno. ¡Si tuviese V. S. cada día un *ratico*[9] de oración mental cómo aseguraría su perseverancia y su virtud!» (Pacho, 1988: 303-304). Tan solo un año antes, el 26 de marzo de 1678, le había

8 Su paisano turolense Melchor de Navarra y Rocafull (1626-1691), por aquel entonces miembro del Consejo de Estado, futuro virrey del Perú.
9 Pese a llevar en Roma desde 1663, Molinos parece no haber perdido en 1679 su acento aragonés.

hablado de la importancia de la humillación y la resignación (Pacho, 1988: 301-302).

Por tanto, habiendo sido las cartas escritas «hace muchos años en España a un caballero», la fecha es anterior no solo a su impresión en 1676, sino anteriores a la propia *Guía* (1675), por lo que las *Cartas* ocuparían el segundo lugar en la producción de Molinos y, lo que resulta más importante, su primera obra mística; de ahí que Molinos solo hable de la oración meditativa y no de la contemplación. Tal es la revelación que nos trae un primer análisis de la obra. Sucede, por tanto, al revés que con la *Guía,* que primero se publicó en Madrid (1675) y luego en Roma (1677).

El tema central de las *Cartas* es la oración mental o meditación. Ya en el prólogo se explicita el camino formado por la meditación, la contemplación y la vocación. No en vano, uno de los ejes centrales de la *Defensa* (1680) es la contraargumentación de los ataques que había recibido por dar más importancia a la oración que a los sacramentos y, aún más, de dar a entender que la contemplación sea posible para todos, siendo, por tanto, más importante que la meditación. A la hora de redactarlas debió de pesar en él la polémica vivida a la muerte de su maestro en 1638, cuando su postulación se vio interrumpida por su énfasis sobre la pasividad en la contemplación, desligada del cumplimiento de disciplinas sacramentales, acentuando el papel de la fe sobre las obras.

La parte primera expone la base argumental para que el lector colija la importancia de la meditación. Para él, se trata de «una conversación amorosa del alma con Dios» (Molinos, 1676: 8). Con esta sencilla frase introduce los conceptos de unidad, misericordia y desencarnación, ya que el alma parece prescindir del cuerpo para encontrarse con Dios gracias a su amor. A partir de ahí, Molinos recurre a la autoridad de los padres de la Iglesia, así como a doctores y a santos de la Iglesia católica; entre ellos cabe citar a los que son comunes a otras obras, porque los citó en la *Guía* y los citará en la *Defensa,* como san Dionisio, san Juan Crisóstomo, san Augustín, san Gregorio, san Buenaventura o santa Teresa de Jesús,[10] para quienes asegura que la oración es el alimento del alma, el arma de la fe, el perdón de los pecados *(sic)*, el camino a Dios o las llaves del cielo. Ese apoyo patrístico, doctrinal o místico le permite recorrer las tres vías tradicionales (purgativa, iluminativa y unitiva), siguiendo la doctrina sanjuanista de pasar del sentido al espíritu a través de un estilo expositivo y altamente metafórico (luz, agua, alimento, flores, etcétera). Los pensamientos inútiles o el demonio interior *(sic)* aparecen como enemigos de ese camino. La oración, para él, es la raíz de todas las virtudes.

10   Algunos autores consideran que existe un excesivo paralelismo entre discípulo y maestro. Así, la relación de

La parte segunda explica el punto de partida, que es para Molinos la mansedumbre, el recogimiento. Tras esa purificación interior hay que perseverar en la meditación hasta llegar a la contemplación, si bien la referencia a esta no es obra de Molinos, sino del prologuista-traductor. Para él, hay tres engaños con los que el demonio intenta disuadirnos: hacernos pensar que no es tan importante, que no está al alcance de todos y que es difícil. Para superarlos, además de la perseverancia (no olvidemos que el libro está dedicado a alguien que se ha cansado de buscarla), hace falta un santo patrón al que encomendarse, como santa Teresa; a partir de ahí debemos recorrer un camino que pasa por la oración preparatoria, la petición, la meditación, la oración, la contrición, el agradecimiento, el

autores con autoridad teológica de la *Guía* de Molinos es casi idéntica a la del *Camino* de Falconi y la de la *Defensa* coincide casi totalmente con la que hace Falconi en la *Cartilla para saber leer en Cristo* (1635/1651) (Pacho, 1988: 28-42).

vacío y la cognición, siendo importante la postura corporal y cerrar los ojos para poder abrirlos mejor al interior del corazón, donde debe tener presente a su amado Señor, lo que nos recuerda a la experiencia de Dios en el interior difundida por Eckhart. En ese momento hay que realizar una composición de lugar con la imaginación como las moradas de santa Teresa de Jesús o como la visualización oriental, hasta llegar a sentir como sentía Jesucristo en la cruz, frase que remite a Emmerick.

Lo esencial es, superando la tibieza, la aridez (equivalente a la noche oscura sanjuaniana) o el miedo mediante la humillación, alcanzar la etapa de la meditación (para poder así alcanzar la contemplación, añadirá en la *Guía*), tras la cual hay que encender nuevamente la voluntad y transformar en actos de amor la vivencia experimentada, haciendo así su voluntad. El alma no debe, por tanto, hacer nada, solo estar sin preocupación ni pecado, quieta, un vacío espiritual que a través de la meditación sería el camino más corto para llegar a Dios; una vez allí, él actúa en nosotros. Como había dicho en la *Guía,* «estate quieta y resignada, niega tu juicio y tu deseo, abísmate en tu insuficiencia y en tu nada: que ahí solo está Dios» (Molinos, 1675: lib. 2, cap. 5, punt. 27).

En la *Defensa,* cuatro años más tarde y ante los ataques que sufría, Molinos matizará sus afirmaciones, diciendo que una cosa es luchar contra la tentación y otra, abandonarse a ella, y que la contemplación, a diferencia de la meditación, no es accesible a todos simplemente por tener el alma dispuesta: es una cuestión de don. La contemplación es un don, no basta con desearla, por lo que introducirá la distinción entre la contemplación infusa y la contemplación adquirida. Sin embargo, no matizará la importancia de la oración mental frente a la rezada. Hay una cuestión clara: a diferencia de los alumbrados, no propone un abandono frente a las tentaciones, sino una lucha contra ellas.

Ya hemos citado la relación maestro-discípulo en el paralelismo entre Falconi y Molinos, que lleva al segundo a compartir la base argumentativa del primero, aunque para diseñar otro camino. Cabe, sin embargo, destacar la figura de Antonio Panes (1621-1676), cuya *Escala mística* se publicó el mismo año que la *Guía espiritual,* en 1675.

Las *Cartas,* en definitiva, si bien no contienen la profusión de detalles de la *Guía,* ni la reiteración de la *Defensa,* constituyen un compendio doctrinal molinosista explicado de forma sencilla, destinado a los hombres y las mujeres de todos los tiempos.

Cuestiones pendientes sobre Molinos

La obra de Molinos, pese a estar formada por un corpus de solo cinco textos, está todavía por acabar de investigar. En primer lugar, se hace necesario trazar la llegada de los Molinos a Muniesa, aspecto no baladí. Un análisis genealógico permitiría conocer mejor la ascendencia molinosiana, sobre todo para despejar o no la incógnita de su posible ascendencia judía.[11] Junto a él, otro estudio contextual, de historia local, arrojaría luz sobre su dedicación, sus medios y sus relaciones.

Otra cuestión no menor es la formativa. Quedan por analizar los archivos archidiocesanos de Valencia, con sus libros sobre la iglesia de San Andrés y el colegio del Corpus Christi, así como –junto con los propios de esas órdenes y congregaciones– el colegio de San Pablo, el Oratorio de San Felipe Neri, el convento de San Juan de la

11   Algunos estudios sobre el préstamo en Zaragoza, diócesis de la que Muniesa dependía cuando nació Molinos, citan tan solo un siglo antes a un Juan de Molino, zapatero y prestamista, que tal vez pudiera ser antepasado de su tío Juan, el sacerdote (Lara, 1983: 16).

Ribera de los franciscanos y el convento de San José y de Santa Tecla de las agustinas. No en vano, en el convento franciscano debió de conocer a Panes, para quien la mística se alcanza no solo con el entendimiento, sino con la simplicidad, la humildad y la caridad. En la etapa valenciana está la clave de bóveda del pensamiento molinosista.

Se hace también necesario, para comprender la etapa romana y su conclusión, analizar las correspondencias de las embajadas de Francia y de España ante la Santa Sede con sus respectivos secretarios de Estado, los actuales ministros de Exteriores, que se hallan depositadas en París y Madrid, respectivamente. En la Biblioteca Apostólica Vaticana sería necesario verificar los libros que tuvieron entrada en 1685, cuando Molinos fue apresado. Anticipo ya que, entre todas las posibles, probablemente se encontrarán en ella las obras de Juan Falconi de Bustamante, así como las de Pier Matteo

Petrucci. Finalmente, se hace necesario analizar los escasos documentos restantes del proceso contra Molinos existentes en el Archivo de la Congregación para la Doctrina de la Fe, en la antigua biblioteca del cardenal Casanate (hoy Biblioteca Casanatense), la Biblioteca Ambrosiana, el archivo de la Orden de los Predicadores y el de la postulación del propio Falconi en el Archivo Archidiocesano de Madrid. Creo que sería importante que las instituciones de España en Italia dignificaran con una placa el lugar donde se encuentran los restos de Miguel de Molinos.

Fuentes

Andrés Martín, M., *Los Recogidos. Nueva visión de la mística española (1500-1700)*, Madrid, Fundación Universitaria Española, 1975.

Ayala, J. M., *Miguel de Molinos: camino interior del recogimiento*, Zaragoza, Caja de Ahorros de la Inmaculada, 2000.

Bataillon, M., *Erasmo y España. Estudios sobre la historia espiritual del siglo XVI*, México/Madrid, Fondo de Cultura Económica, 1937, ed. 1983.

Ellacuría Beascoechea, J., *Reacción española contra las ideas de Miguel de Molinos*, Bilbao, Gráficas Ellacuría, 1956.

Esponera Cerdán, A., «El molinosismo del siglo XVII», *Revista de Historia Jerónimo Zurita* 93 (2018), pp. 87-118, dosier «Silencio femenino y quietismo barroco», coordinado por R. M. Alabrús Iglesias.

Ezquerra Gómez, J., «Miguel de Molinos y las concepciones epicúrea y aristotélica del placer», *Cuadernos de Aragón* 18-19 (1984), pp. 37-66.

— «El despego de Dios en Miguel de Molinos», *Revista del Instituto de Estudios Turolenses* 2 (1999), pp. 141-171.

—— *El profundo de la nada: el desapego de Dios en el místico aragonés Miguel de Molinos,* Zaragoza, Institución Fernando el Católico, 2014.

FERNÁNDEZ, J., «Una bibliografía [sic] inédita de Miguel de Molinos», *Anthologica Annua* 12 (1964), pp. 293-321.

ITURBE POLO, G. y LORENZO MAGALLÓN, I., *El siglo XV en Muniesa (Teruel) y su entorno (1367-1503)*, Muniesa, Centro de Estudios Miguel de Molinos, 2010.

LARA IZQUIERDO, P., «Fórmulas crediticias medievales en Aragón», *Cuadernos de Historia Jerónimo Zurita* 45-46 (1983), pp. 7-90.

LEA, H. Ch., «Molinos and the Italian Mystics», *The American Historical Review* 11 (1906), pp. 243-262.

MENÉNDEZ PELAYO, M., *Historia de los heterodoxos españoles,* vol. II (1882), Madrid, Centro Superior de Investigaciones Científicas, 1992, pp. 253-273.

Molinos, M. de, *Devoción de la buena muerte con ejercicios de meditación,* Valencia, Imprenta de Bernardo Nogués, 1662.

— *Guía espiritual que desembaraza el alma y la conduce por el interior camino para alcanzar la perfecta contemplación y el rico tesoro interior de la paz,* Roma, Stamperia di Michel Ercole, 1675.

— *Breve tratado de la comunión cotidiana,* Roma, Stamperia di Michel Ercole, 1675.

— *Cartas escritas a un caballero español desengañado para animarlo en el ejercicio de la oración mental dándole un modo de hacerla,* Roma, Stamperia di Michel Ercole, 1676.

— *Defensa de la contemplación,* Roma, Stamperia di Michel Ercole, 1680.

Montoya Beleña, S., «Las clausuras femeninas desaparecidas en Valencia», en *La Clausura femenina en España e Hispanoamérica,* coordinado por F. J. Campos y Fernández de Sevilla, vol. 1, tomo 1, Instituto Escurialense de Investigaciones

Históricas y Artísticas, San Lorenzo de El Escorial, 2020, pp. 205-240.

MONZÓ CLIMENT, J. A., *La Escuela de Cristo de Valencia: historia y documentación,* Valencia, Universitat de València, 2016.

MORENO RODRÍGUEZ, P., *El pensamiento de Miguel de Molinos,* Madrid, FUE, 1992.

NICCOLINI, F., «Su Miguel Molinos e taluni quietisti italiani. Notizie, appunti, documenti», *Bolletino dell'Archivio Storico del Banco di Napoli* 13 (1959).

PACHO, E., «El quietismo frente al magisterio sanjuanista», *Ephaemerides Carmeliticae* 13 (1962), pp. 353-426.

— Prólogo a la ed. de *Defensa de la contemplación,* Madrid, Fundación Universitaria Española y Universidad Pontificia de Salamanca, 1988, pp. 5-47.

PARDO LÓPEZ, J., *Miguel Servet y Miguel de Molinos, teólogos aragoneses víctimas de la intolerancia de su época,* Zaragoza, Universidad de Zaragoza, 2019.

Pons Fuster, F., «La formación y la espiritualidad de Miguel de Molinos», *Revista de Historia Jerónimo Zurita* 93 (2018), pp. 61-86, dosier «Silencio femenino y quietismo barroco», *op. cit.*

Robres Lluch, J. R., «En torno a Miguel Molinos y los orígenes de su doctrina. Aspectos de la piedad barroca en Valencia», *Anthologica Annua* 18 (1971), pp. 353- 465.

Rodríguez López-Ros, S., «Molinos y el quietismo», *El Ciervo* 771 (2018), pp. 26-27.

— «Humillados y beguinas», en *El Ciervo* 777 (2019), pp. 28-29.

— «Miguel de Molinos», en el diccionario *Vislumbres,* tomo 2, Roma, Embajada de España en Italia, 2020.

Sánchez-Castañer, F., *Miguel de Molinos en Valencia y Roma,* Valencia, G. Soler, 1965.

Tellechea Idígoras, J. I., *Molinosiana. Investigaciones históricas sobre Miguel de*

Molinos, Madrid, Fundación Universitaria Española, 1987.

— *Léxico de la* Guía Espiritual, Madrid, Fundación Universitaria Española, 1991.

— *El proceso del doctor Miguel Molinos,* Madrid, Fundación Universitaria Española, 2007.

Toscano Liria, M., Prólogo a la ed. de *Guía espiritual,* Barcelona, Obelisco, 1998, pp. 5-21.

Trinidad Solano, F., «Miguel de Molinos: la experiencia de la nada», Introducción a la edición de *Defensa de la contemplación,* Madrid, Editora Nacional, 1983, pp. 13-88.

Valente, J. Á., «Ensayo sobre Miguel de Molinos», Prólogo a la ed. de *Guía espiritual,* Barcelona, Barral Editores, 1974, pp. 11-51.